AF397753

Matthias Plaum

Liebeskummer Erste-Hilfe-Set

Schritt für Schritt ins Glück zurück

Verlag: tredition GmbH, Hamburg

ISBN
Paperback   978-3-7345-0707-6
Hardcover   978-3-7345-0708-3
e-Book   978-3-7345-0709-0

Printed in Germany

Inhaltsverzeichnis

Kapitel 1 - Einleitung 7

Kapitel 2 – Hauptteil 11

Kapitel 2.1 – Auflösen kognitiv-emotionaler Beschwerden.. 11

Kapitel 2.2 – Die verzerrte Sicht auf den anderen – Idealisierung des Ex-Partners 21

Kapitel 2.3 Inneren Frieden finden - Durch Vergebung an Freiheit gewinnen 26

Kapitel 2.4 Mit dem Trauern abschließen und die guten Erfahrungen mitnehmen 46

Kapitel 3 – Anhang 73

Kapitel 3.1 – Danksagung 73

Kapitel 3.2 - Literatur 74

Kapitel 1 - Einleitung

Es ist mal wieder Weihnachten. Alle Jahre wieder die Zeit der Besinnung, der gemütlichen Gemeinsamkeit, der Liebe und die Zeit für all das, was mit der Geburt Christi zu tun hat. Dieses Jahr habe ich jedoch den Eindruck, dass es in meinem Freundes- und Bekanntenkreis zu besonders vielen Trennungen gekommen ist. Gerade um die Jahreszeit, in der die Dunkelheit, das Wetter und die mangelnden Freizeitangebote (im Freien) manchem auf die Stimmung schlagen, scheinen Trennungen als besonders belastend erlebt zu werden. Man kann sich auch so gut vorstellen, wie schön das Weihnachtsfest mit der/dem Geliebten hätte sein können, was man dem anderen geschenkt hätte, um ihr oder ihm eine Freude zu machen, die schöne gemeinsame Zeit und dann das: getrennt vom Partner. Womöglich noch verletzt durch Worte oder Verhalten, die Einsamkeit in Aussicht, kaum Ablenkung, stattdessen viel Zeit zum Grübeln. Unerwartete Phasen überwältigender Emotionen können den Alltag zusätzlich erschweren.

Leidvolle Erfahrungen in meinem näheren Bekanntenkreis erinnerten mich an eigene negative Ereignisse, die ich erlebt habe. Wie viel Schmerz, Leid und Verzweiflung haben Trennungen bei mir und anderen ausgelöst, denke ich bei mir. Unverarbeitete oder noch nicht ganz verarbeitete Trennungen können sogar so schmerzhaft sein, dass sie über Jahre verhindern können, sich auf eine neue Beziehung einzulassen.

Wie werden Trennungen am besten verarbeitet und wie kann es geschafft werden, nach einer Phase des Trauerns möglichst schnell wieder der oder die „Alte" zu sein und sein Leben freudig zu genießen?

Meine schmerzlichen Trennungen liegen nun schon Jahre zurück. Inzwischen durfte ich durch meine umfangreichen intensiven Coaching-Ausbildungen einige interessante mentale und psychologische Methoden kennenlernen, die sehr gut geeignet sind, mit dem Schmerz einer aktuellen Trennung besser umzugehen. Auch sind mir mittlerweile einige Zusammenhänge zwischen Gedanken und Emotionen klar geworden, von denen man kognitive Strategien ableiten kann, die zu psychisch-emotionaler Stabilität führen können.

Die im Folgenden beschriebenen Praktiken und Strategien finden sich ähnlich in anderen Kulturen, wo sie auch als spirituelle Entwicklungsprozesse angesehen werden.

Hätten mir diese Strategien und Einsichten früher schon zur Verfügung gestanden, wäre mir viel Leid erspart geblieben. Daher möchte ich sie gerne mit dir teilen, in der Hoffnung, dass sie dir dabei behilflich sind, eine Trennung leichter zu überwinden und gut zu verarbeiten, so dass du deine Energien wieder zur positiven Gestaltung deines Lebens nutzen kannst!

Die folgenden Methoden helfen, übermäßige Emotionen deutlich zu mildern und den Prozess der Verarbeitung zu beschleunigen. Die Reihenfolge der Methoden ist so konzipiert, dass sie mit einer sehr leichten mentalen ersten Übung beginnt, die trotz ihrer Einfachheit eine enorme Wirkung hat. Konsequent angewendet, wird sie dir enorme Erleichterung verschaffen und kann sogar alle weiteren Methoden und Übungen überflüssig machen. Auch die zweite Übung ist besonders bei kürzlich erfolgten Trennungen hilfreich. Darüber hinaus findest du weitere Übungen, die bei länger andauerndem Liebeskummer und Trennungsschmerz die erhoffte Besserung herbeiführen können.

Um den Lesefluss zu erleichtern, verwende ich im Folgenden die männliche Form von „Partner" und „Ex-Partner" und meine damit Frauen und Männer gleichermaßen. Ausnahmen finden sich jedoch zu gegebene Anlässen.

Kapitel 2 – Hauptteil

Kapitel 2.1 – Auflösen kognitiv-emotionaler Beschwerden

Dass man sich nach einer Trennung schlecht fühlt, trauert oder leidet, ist zunächst einmal ganz normal und gehört in gewissem Maße auch dazu.

Manchmal ist das Leiden nach einer Trennung sehr belastend und kann eine enorme Einschränkung im Alltag bedeuten. Wie aus dem Nichts auftauchend, können Gefühle und Emotionen, die mit der Trennung in Verbindung stehen, überwältigend wirken. Klares Denken und Arbeiten wird zu einer echten Herausforderung.

Dass das Auftauchen dieser intensiven Gefühle und Emotionen das Resultat spezifischer Arten zu denken, also bestimmter Gedankenabläufe (mentale Erinnerungen, Bilder/ Filme) ist, wird vielen nur selten bewusst und erfordert ein hohes Maß an Bewusstheit über mentale Prozesse.

Die folgende Übung fördert dieses hohe Maß an Bewusstheit über die mentalen Prozesse und wie sich diese durch Gefühle und Emotionen im Körper ausdrücken. Die Gefühle und Emotionen sind das Resultat von mentalen Prozessen. Wirst du dir dessen bewusst, kannst du auf einfache Art und Weise, wie folgend beschrieben, intensivste Phasen des Liebeskummers deutlich abmildern und den Verarbeitungsprozess beschleunigen.

Beschäftigt man sich gedanklich mit einem belastenden Thema/Problem- in diesem Fall mit einer Trennung- dann führt das häufig dazu, dass sich negative Gefühle und Emotionen im Körper ausbreiten. Oft spürt man einen Kloß im Hals, Anspannung in bestimmten Bereichen, mancherorts auch eher Hitze oder Kälte usw. Durch diese negativen Emotionen und Gefühle, werden im Gehirn weitere Gedächtnisinhalte und Gehirnbereiche aktiviert, die an ähnliche negative Emotionen und Gefühle gekoppelt sind. In der Folge nehmen weitere negative Gedanken rund um das eigentliche Thema Trennung Platz ein, welche wiederum eine Verstärkung von negativen Emotionen und Gefühlen zur Folge haben. Eine ungünstige Spirale aus negativen Gedanken und Gefühlen, die sich gegenseitig verstärken, hat sich etabliert:

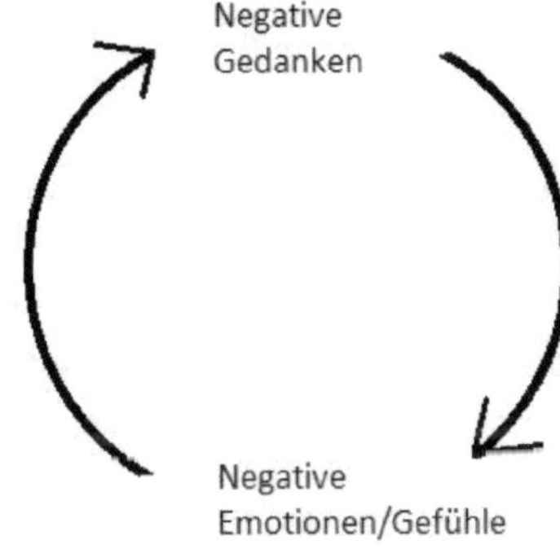

Erschwerend kommt hinzu, dass die negativen Gefühle und Emotionen auch bestimmte Gehirnbereiche hemmen, die für eine Wahrnehmung von positiven Ereignissen und Erinnerungen wichtig sind. Alles wird besonders trist erlebt bzw. auf diese Weise interpretiert. Hat zuvor ein schöner Garten, ein Lieblingsgericht, bestimmte Unternehmungen mit Freunden Freude bereitet, wird durch die negative Grundstimmung alles weniger erfreulich erlebt, als es sonst der Fall wäre.

Dadurch, dass bestimmte Gehirnbereiche aktiviert sind, die ähnliche negative Gedanken begünstigen und die Wahrnehmung für die schönen Seiten des Lebens eher gehemmt ist, stabilisiert sich der Kreislauf aus negativen Gedanken und negativen Emotionen. Durch diesen ungünstigen Kreislauf kann das erlebte Leid nach einer Trennung verstärkt und aufrechterhalten bleiben und mehr als nötig belasten.

Die treibende Kraft für den Kreislauf aus negativen Gedanken → negativen Gefühlen → negativen Gedanken usw. ist unsere Aufmerksamkeit. Nicht umsonst heißt es:

Energie folgt der Aufmerksamkeit. Wenn man seine Aufmerksamkeit von den negativen Gedanken abzieht, entzieht man dem Kreislauf Energie, die für seine Aufrechterhaltung wichtig ist. Dadurch bietet sich eine Möglichkeit für den Ausstieg aus diesem Kreislauf. Allerdings reicht es oft einfach nicht aus, sich auf Anderes zu fokussieren, weil durch die negativen Gefühle eher Gedächtnisinhalte aktiviert werden, die an ähnliche schmerzliche Gefühle gekoppelt sind. Auch der getrübte Blick lässt die sonst so angenehmen Dinge als wenig attraktiv für unsere Aufmerksamkeit erscheinen, so dass es oft zu einem „Rückfall" in den Kreislauf kommt und man sich gedanklich wieder mit dem Thema beschäftigt.

Ideal wäre es, etwas zu finden, auf das man leicht seine Aufmerksamkeit lenken kann, was gleichzeitig die Stimmung verbessert und trotz der negativen Ausgangslage von negativen Gefühlen auf dem „Radar" der möglichen Themen erscheint bzw. von uns registriert wird.

In diesem, wie auch in anderen Fällen von sich verstärkenden Kreisläufen aus negativen Gedanken → negativen Emotionen → negativen Gedanken, hat sich das Etablieren einer „Beobachtermentalität" mittels Achtsamkeit und Gewahrsein als besonders hilfreich herausgestellt.

Man erreicht also am leichtesten den Ausweg aus diesem Kreislauf, indem man die negativen Gefühle und Emotionen einfach im Körper beobachtet, sie registriert, ohne sie zu bewerten. Ihnen mit einer offenen Haltung begegnet, auch wenn man ihnen am liebsten davonlaufen würde:

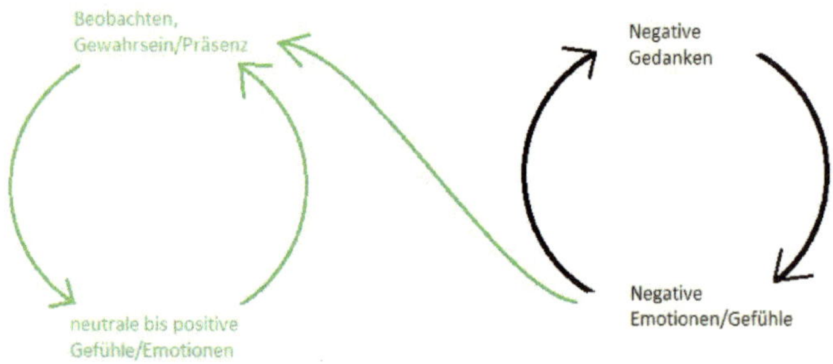

Durch das Beobachten und einfache Registrieren dieser Gefühle und Emotionen im Körper, zieht man die Energie aus dem negativen Kreislauf (rechts im Bild) ab. Bei konsequenter Beobachtung lässt sich feststellen, wie sich nach wenigen Sekunden bis Minuten die negativen Gefühle und Emotionen deutlich abmildern. Die Verbindung zu den Geschichten und mentalen Bildern, die die Ursache für die negativen Gefühle sind, wird unterbrochen und entsprechend die Energie abgezogen, die aus dieser negativen Aufmerksamkeitsfokussierung resultiert. Damit wird den negativen Gefühlen sozusagen der Treibstoff entzogen bzw. deren Existenzgrundlage entfernt.

Als Nebeneffekt breiten sich eine angenehme Ruhe und ein friedvoller Zustand von Präsenz aus. Die Energie, die zuvor den ungünstigen Kreislauf aus negativen Gedanken → negativen Gefühlen → negativen Gedanken usw. anfachte, verstärkt nun die eigene Präsenz. Die dabei auftretenden Gefühle werden oft als ein Gefühl von Ruhe, als ein friedvolles im Jetzt sein umschrieben (Präsenz → Ruhe/friedvolle Ausgeglichenheit → Präsenz usw.).

Man kann sich das Phänomen folgendermaßen erklären:

Durch das Beobachten, das Gewahrwerden der eigenen Gefühle begibt man sich gedanklich ins Jetzt. Denn nur im Jetzt kann man sich etwas gewahr werden. Dieses Präsentsein im Jetzt unterscheidet sich deutlich von der in westlichen Kulturen zu Hauf auftretenden Vorliebe des Verstandes, sich mit der Vergangenheit (wie schön es damals war…) und der Zukunft (nie wieder werde ich so jemanden finden…) zu beschäftigen. Die Geschichten, die wir uns zur Trennung erzählen und die passenden Bilder die wir uns dazu kreieren (beides verstärkt die negativen Gefühle), werden durch dieses Gewahrwerden und Präsentsein unterbrochen. Man kehrt zu seinem eigentlichen „so sein" zurück, was neutrale bis positive Gefühle begünstigt. Diese neutralen bis positiven Gefühle als Ausgangslage werden dann wiederum dabei helfen, wieder die schönen Seiten des Lebens zu registrieren und zu genießen.

Wichtig dabei ist, beim Beobachten zu bleiben und nicht gedanklich abzurutschen und dem nachzugehen, was die Gefühle wohl ausgelöst hat. Anfangs ist es zwar auch völlig okay, dass man, nach der Bewusstwerdung der Gefühle, zurückverfolgt, welche Art von Gedanken dazu beigetragen hat. Allerdings sollte es bei einem kurzfristigen Registrieren belassen werden, da ansonsten die Gefahr besteht, wieder in den ungünstigen Kreislauf abzurutschen. Überwiegend sollte man dann einfach nur noch die Gefühle beobachten.

Da oft nicht rechtzeitig bemerkt wird, dass sich die Gedanken bei dem Thema Trennung wieder im Kreis drehen, ist es besonders hilfreich, sich die negativen Gefühle als Erinnerungshilfe zu nehmen, die dann anzeigen: „Achtung: Jetzt Gefühle im Körper beobachten!"

Zusammenfassung der Übung

1. Das „Sich-schlecht-fühlen" bzw. die negativen Gefühle und Emotionen als Erinnerungshilfe dafür nehmen, jetzt die Beobachterposition einzunehmen.

2. Beginnen, sich seiner Gefühle und Emotionen im Körper gewahr zu werden ohne diese zu bewerten: Wo fühle ich eine Anspannung (z.B. „Kloß im Hals"), Wärme/Kälte, Zu-

sammenziehen/Ausbreiten von Gefühlen. Beobachten, wie sich die Gefühle abschwächen, während sich eine Ruhe und Zufriedenheit als Zustand ausbreitet.

3. Sich wieder den angenehmen Dingen des Lebens zuwenden und am besten einen Teil der Aufmerksamkeit auf bzw. in den Körper richten, so dass selbst beim Auftreten nicht zu starker negativer Gefühle direkt wieder mit 1. begonnen werden kann und der Kreislauf aus Beobachten/Präsenz → neutralen bis positiven Gefühlen, einhergehend mit Präsenz, sich schließt.

Diese Übung hilft ausgesprochen gut, überschießende negative Emotionen abzumildern, einen kognitiv-emotionalen Zustand aufzubauen, der zum einen dabei hilft, eine Trennung gut zu verarbeiten und zum anderen einen gute Ausgangslage ist, sich den angenehmen Dingen des Lebens zuzuwenden.

Kapitel 2.2 – Die verzerrte Sicht auf den anderen – Idealisierung des Ex-Partners

Gerade nach einer unfreiwilligen frischen Trennung neigen viele dazu, den ehemaligen Partner zu glorifizieren und sich ihn mit seinen besten Eigenschaften vorzustellen.

Doch wie kommt eine solche einseitige Sichtweise zu Stande? Hat man sich nicht noch zwei Wochen zuvor über die Geräusche, die er/sie beim Essen macht, aufgeregt, oder war man nicht öfters verärgert, weil er/sie überall ihre/seine Socken herumliegen lassen muss?

Eine Erklärung für solche Glorifizierungen des Ex-Partners könnte darauf gründen, dass man neben dem „Verlust" des Partners gleichzeitig nach all den Dingen sucht, die man ebenso vermisst und in der Zukunft vermissen wird. Oft überlegt man, auf was für schöne Momente von nun an verzichtet werden muss (was hoffentlich nach Kapitel 2.1 nicht mehr oder nur noch kaum vorkommt) und an die damit verbundenen positiven Gefühle, die einem von nun an versagt bleiben. Da sich überwiegend auf die positiven, in der Zukunft versagten Momente fokussiert wird, kommen auch stark die in solchen Situationen vom Partner gezeigten positiven Eigenschaften zum Vorschein. Durch eine derartige Fokussierung gelangen daher überwiegend positive Charaktereigenschaften des früheren Partners ins Bewusstsein. Man sieht ihn/sie durch eine ähnlich rosarote Brille, wie es bei so vielen zu Anfang einer Beziehung der Fall ist. Dies kommt sogar bei Menschen vor, die zuvor selbst ein Fortführen der Beziehung mehrmals in Frage gestellt haben, die vielleicht auch nicht besonders zufrieden mit der Beziehung waren und eigentlich für sich festgestellt hatten, dass man besser getrennte Wege gehen sollte. Wird dann allerdings die Beziehung zum Partner beendet, kommt es dennoch oft zu dieser Idealisierung des Partners und man möchte ihn am liebsten zurückgewinnen. Dieses Phänomen wird in der Sozialpsychologie „Verlustaversion" genannt. Es beschreibt eine menschliche Neigung, auf mögliche Verluste empfindlicher zu reagieren, als auf mögliche Zugewinne. Die meisten haben bestimmt schon einmal beobachtet, wie interessant ein momentan nicht genutztes Spielzeug für ein dreijähriges Kind werden kann, wenn es seinem Zugriffsbereich entzogen wird, besonders wenn das Spielzeug in die Hände eines anderen Kindes gerät. Beim Erwachsenen zeigt sich dann dieses Phänomen in anderen Bereichen.

Auf die zwischenmenschlichen Beziehungen bezogen kann es bedeuten, dass man selbst dann versucht, einen Partner zurückzugewinnen bzw. diesen idealisiert, wenn man zuvor die Idee hatte, die Beziehung zu beenden. Man sieht oft nicht mehr die Vor – und Nachteile bzw. positiven und negativen Seiten und Eigenschaften, sondern bevorzugt den drohenden Verlust. Und der Verlust von dem, was wir so sehr schätzen, gewinnt rasant an Aufmerksamkeit und Gewichtung. Dies kann dann dazu führen, dass beim Abwägen der positiven und negativen Aspekte der Beziehung durch die verzerrte Sicht bzw. durch das übermäßige Gewichten des Positiven, diese Seite überwiegt, und es entsteht vermehrt der Drang, all die positiven Eigenschaften (und damit den Partner) zurückhaben zu wollen.

Dass man sich all der schönen Momente bewusst wird, die einem durch die Trennung nicht mehr zu Teil werden, bewirkt eine starke Ist-Soll-Differenz. All das Schöne sollte sein, ist aber nicht mehr möglich. Hier entsteht ein Problem, welches Leid erzeugt. Die dabei ablaufenden mentalen Vorgänge führen zu starkem Bedauern, wecken aber auch stark das Bedürfnis, den Partner wieder zurückzugewinnen bzw. das Ist und Soll zur Deckung zu bringen. Dabei können unglaubliche Ressourcen/Kräfte freigesetzt werden. Man kann plötzlich ganz romantische Liebesbriefe schreiben, Änderung geloben und sonstige, manchmal seltsame Dinge tun, in der Hoffnung, dadurch den Partner zurückzugewinnen.

Wenn allerdings keine Aussicht auf eine gemeinsame Zukunft besteht, sollte man diese Strategie aus oben genannten Gründen nicht mehr weiterverfolgen.

Als möglichen Ausweg aus dieser einseitigen Sichtweise, die bei Perspektivlosigkeit einer erneuten gemeinsamen Beziehung nur Leid verursacht, bietet sich folgende Methode an:

Schreibe 50 Dinge[1] auf, die dich an ihr/ihm stören.

Bei dieser Übung geht es nicht darum den Partner schlecht zu machen oder ihn schlecht in Erinnerung zu behalten. Die Aufgabe dient lediglich dazu, eine einseitige Sichtweise auf den Ex-Partner, die den Schmerz der Trennung verstärkt, abzumildern.

Ich denke, langfristig ist es das Beste, seinem ehemaligen Partner achtungsvoll und respektvoll zu begegnen, auch und trotz seiner „Macken", die man durch diese Übung findet. Eine solche, geklärte Sichtweise führt langfristig zu dem besten Umgang miteinander. Sowohl Hass und Verachtung als auch Glorifizierung tragen beide wenig zu einem ausgeglichenen psychisch-emotionalen Zustand bei. Sollte sich nach der Übung eine zu negative Sichtweise auf den Ex-Partner ergeben, kann man auch noch ein paar Dinge in einer zweiten Liste aufschreiben, die man an ihm schätzt.

---

[1] bzw. so viele Dinge, bis du das Gefühl hast, ihn/sie so zu sehen, wie er/sie ist.

Kapitel 2.3 Inneren Frieden finden - Durch Vergebung an Freiheit gewinnen

Bei dieser Übung geht es darum, mit sich und mit seinem ehemaligen Partner ins Reine zu kommen. Dabei arbeitet man aber nur mit sich selbst bzw. der Ex-Partner braucht nicht anwesend zu sein. Oft ist die Übung anspruchsvoller, wenn eine Trennung noch nicht lange zurück liegt bzw. diese kaum verarbeitet wurde. Wenn die Verarbeitung schon ein Stück weit vorangeschritten ist und etwas „Distanz" zu dem Ereignis der Trennung bzw. zum Ex-Partner besteht, gelingt diese Übung oft leichter und kann dabei helfen, ganz und gar mit dem Thema abzuschließen, so dass man wieder offen für Neues ist. Aus diesem Grunde ist es sinnvoll, zunächst die ersten beiden Übungen (s. Kapitel 2.1 und 2.2) durchzuführen, so dass die Übung in diesem Kapitel durch die Vorarbeit erleichtert wird. So gesehen kann man die Übungen aus Kapitel 2.1-2.3 als eine große Übung betrachten.

Die folgende Übung ist eine Variation des hawaiianischen Vergebungsrituals Ho´oponopono, ergänzt durch andere Methoden und Hintergründe zum Thema „Vergebung". Genau genommen wird eine Übung aus dem Neurolinguistischen Programmieren (NLP) mit anderen Strategien zur Vergebung und dem Vergebungsritual Ho´oponopono kombiniert. Diese Übung hilft, das Ereignis aus unterschiedlichen Perspektiven zu betrachten, so dass es zu einem umfangreicheren Verständnis auch für Anliegen und Motive des Anderen kommt. Dies ist oft eine wichtige Vorarbeit, die behilflich dabei ist, sich und dem Anderen vergeben zu können.

Vielleicht wirst du dich fragen, warum du jemandem vergeben solltest, der dich durch Worte, Taten oder einfach durch die Tatsache, dich verlassen zu haben, verletzt hat.

Bei dieser Übung geht es auch nicht darum, die Taten, Worte und Handlungen einfach vergessen zu lassen oder gar zu beschönigen.

Es geht darum, sich emotional von Gefühlen wie Verachtung, Groll, Wut oder gar Hass, die man vielleicht noch gegenüber dem Ex-Partner hegt, zu lösen.

Schafft man es diese Emotionen zu lösen, wenn man an die Person denkt, dann hat das Ereignis keine Macht mehr über einen. Die Gefahr, sich wieder in einen negativen Kreislauf aus negativen Gedanken und Gefühlen (s. Abbildung Kapitel 2.1) zu verfangen, wird deutlich verringert.

Außerdem schadet man sich durch negative Gedanken wie Hass, Verachtung, Missgunst usw. nur selbst. Man vergiftet sich sozusagen mit den negativen Gefühlen. Würde man die negativen Gefühle weiterhin hegen, könnte das dazu führen, dass sich im Leben noch mehr Situationen ergeben, die zu ähnlichen Gefühlen führen. Ob man das Gesetz der Anziehung (siehe u.a. bei Jack Canfield im Literaturanhang) als Erklärung zu diesem Phänomen zugrunde legt (Gleiches zieht Gleiches an) oder psychologische oder neurologische Erklärungen heranzieht, ist nicht so wichtig. Stell dir mal vor, jemand läuft miesepetrig mit grimmigem Blick die Straße entlang. Leute mit guter Laune werden diese Person eher meiden und andere mit schlechter Laune, die vielleicht sogar auf „Krawall gebürstet" sind, werden wohl eher bei dieser Person ihren Frust loswerden wollen. Zudem wird die Person, die häufig diese negativen Emotionen hegt, auch eher Ereignisse und Handlungen anderer als negativ interpretieren. Denn durch die negativen Gefühle werden vermehrt die Gehirnbereiche aktiviert, die an ähnliche Gefühle gekoppelt sind. Entsprechend werden dann die Ereignisse so verstanden bzw. interpretiert, dass sie zu den bereits aktivierten Gehirnbereichen und dem damit aktivierten Weltbild passen.

Das Hegen von negativen Gefühlen jemandem gegenüber raubt auch eine Menge Energie, zum einen, weil sie in den negativen Kreislauf aus negativen Gedanken und Gefühlen einfließt (Streitgespräche im Kopf) und zum anderen, weil es zu einer Art innerer Zerrissenheit führt. Man wehrt sich innerlich gegen die derzeitigen Verhältnisse und akzeptiert die Situation nicht so, wie sie ist. Das kostet Kraft, weil mental eine „Ist / Soll

Diskrepanz" aufrechterhalten wird und die bestehenden Umstände, das „Ist", nicht angenommen wird.

Verzeiht man dem Ex-Partner (am besten auch sich selbst, weil man ja irgendwie an der Situation beteiligt war), führt das häufig auch zu gesundheitlichen Verbesserungen. So gibt es Berichte darüber, dass sich bei manchen, die jemandem vollständig vergeben haben, körperliche Beschwerden z.B. Migräneanfälle, chronisch-entzündliche Erkrankungen und vieles mehr besserten. Manch einer wurde auch in kurzer Zeit schlanker bei Beibehaltung der Lebensgewohnheiten. Erklärungen für diese Phänomene liefert die Psychoneuroimmunologie. Hier wird untersucht, welchen Einfluss Gedanken und Gefühle z.B. auf Entzündungsprozesse haben. Gedanken, Gefühle und der Körper beeinflussen sich also stark wechselseitig. Verändert man seine Gedanken und Gefühle, hat das auch Auswirkungen auf unterschiedlichste Prozesse im Körper.

Hat man vollständig vergeben, kann man sich leichter wieder auf Anderes einlassen. Man hat mehr Energie zur Verfügung, was sich auch positiv auf andere Bereiche des Lebens (Beruf, Hobbys usw.) auswirkt. Manchmal verbessert sich eben auch ein gesundheitlicher Zustand.

Wie du siehst, profitierst **du** in erster Linie dadurch, dass du vergibst.

Wie gelingt es mir zu vergeben?

Bei der nun folgenden dritten Übung geht es darum, seine negativen Emotionen loszulassen und in einen natürlichen Zustand von Freude, Liebe und Akzeptanz überzugehen. Dabei trittst du imaginativ deinem Ex-Partner gegenüber. Im ersten Schritt drückst du deine eigene Position mit all den Gefühlen aus, die mit der Trennung bzw. dem Ex-Partner zu tun haben. In dieser Übung findest du Fragen und Formulierungen, die dir helfen, die unterschiedlichen Facetten der eigenen Gefühle bewusst wahrzunehmen und gegebenenfalls zu verwandeln. Diese Fragen und Formulierungshilfen umfassen Aspekte, die helfen, die oft auftretenden „Phasen des Trauerns" schneller zu durchlaufen. Im zweiten Schritt versetzt du dich voll und ganz in deinen

Ex-Partner und ergründest seine Gefühle, Beweggründe aus seiner Position und wie du auf ihn wirkst. Das führt oft zu Klarheit und Verständnis. Man kann zwischen diesen beiden Positionen „Ich" und „Du" (Ex-Partner) öfters hin- und her wechseln und einen Dialog entspinnen lassen über die Anliegen und Bedürfnisse der jeweiligen Position. Natürlich kannst du dir nicht ganz sicher sein, dass sich diese vermuteten Gefühle und Beweggründe mit der „Wahrheit" decken. Allerdings bewirkt dies eine echte Erleichterung. Zum weiteren Erkenntnisgewinn steht eine dritte Position, eine neutrale, wohlwollende Beobachterposition zur Verfügung, von der aus du die Interaktion zwischen „Ich" und „Du" beobachten und zusätzliche Erkenntnisse gewinnen kannst (s. Abb. 3.1) . Wenn du das Gefühl für ein umfassenderes Verständnis der Situation hast, geht es zum dritten Schritt über, zur Variation des hawaiianischen Vergebungsrituals Ho´oponopono. Dies schließt die Übung ab und führt meist zu einem angenehmen Gefühl der Akzeptanz und Erleichterung. Die Veränderungen die du durch die Übung im Inneren erzielst, haben auch Auswirkungen im Außen. Solltet ihr z.B. durch einen gemeinsamen Freundeskreis, durch Kinder, durch Arbeit oder was auch immer, Kontakt zueinander haben, kommt es in der Folge meist zu angenehmeren Interaktionen miteinander.

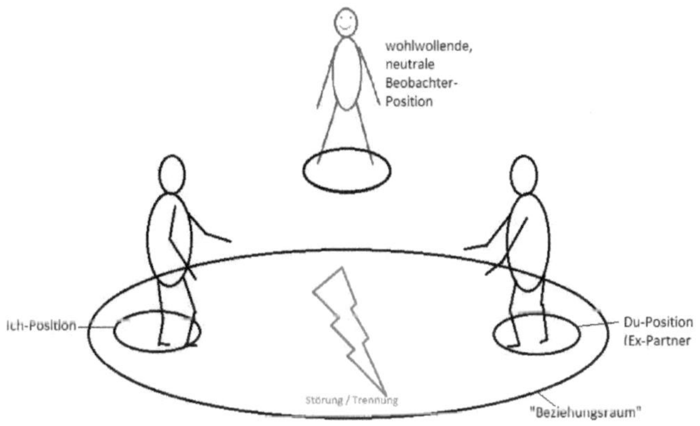

Abb. 3.1

Übungsanleitung (lange Version):

Vorbereitung

Am besten legst du zunächst drei Zettel im Raum aus, die die unterschiedlichen Positionen zueinander repräsentieren. Lege einen Zettel für deine Position (Ich-Position) aus und überlege, in welchem Abstand du deinem Ex-Partner imaginativ begegnen willst. Diese Position wird durch einen Zettel markiert. Ein dritter Zettel markiert die neutrale (wohlwollende) Beobachterposition, die zu den beiden bereits ausgelegten Positionen den gleichen Abstand aufweisen sollte. Diese Position dient später zur Beobachtung dessen, was zwischen „Ich" und „Du" abläuft und was einem aus den anderen Positionen betrachtet, entgehen kann.

Des Weiteren ist es sinnvoll sich zu vergegenwärtigen, dass Menschen an sich „gut" sind, dass sie allerdings im Rahmen ihrer Fähigkeiten und Möglichkeiten handeln. Gerade im zwischenmenschlichen Bereich, bei hitzigen Diskussionen, wenn man ohnehin in einem schlechten Zustand ist und damit wenig Zugang zu z.B. kommunikativen Fähigkeiten oder Einfühlungsvermögen hat, kommt es schon einmal zu Äußerungen oder Handlungen, die den anderen verletzen können. Zur Überprüfung der These, dass so gut wie alle Menschen an sich gut sind und positive Absichten verfolgen (auch wenn dies beim Anderen nicht immer ankommt), kann man sich in eine Situation zurückversetzen, in der man selbst jemanden durch Worte oder Taten verletzt hat. Mache dir bewusst, ob die zu Grunde liegende Absicht positiv war, oder ob du aus reiner Boshaftigkeit den anderen verletzt hast? Ich bin mir ziemlich sicher, dass ersteres der Fall war ;-) .

Manchmal kann es natürlich sein, dass man eine eigene Tat scheinbar mit böser Absicht verfolgt hat, z.B. wenn man nach einer Trennung dem Partner die Autoreifen aufgeschlitzt oder sonstigen Schaden angerichtet hat. Da lohnt es sich dann zu überlegen, was es mir bringt, dieses Verhalten zu zeigen. Da könnte vielleicht die Antwort kommen „...damit ich meinen Frust und meine Enttäuschung loswerden kann." Fragt man dann weiter: „Wofür ist es gut, dass du deinen Frust und deine Enttäuschung losgeworden bist?" Dann könnte als Antwort kommen, dass es mir besser geht oder dass ich eher meinen eigenen Wert auf einem gewissen Niveau spüre, indem ich dem anderen auf diese Weise wissen lasse, dass man so nicht mit mir umgehen sollte. Hier nähert man sich dann durch mehrmaliges Nachfragen der eigentlichen positiven Absicht hinter der Absicht und dem eigentlich positiven Kern eines jeden Menschen, auch wenn die Ausdrucksformen von bestimmten Handlungen/Taten nicht immer ideal sind und das zugrundeliegende Bedürfnis auch eleganter befriedigt werden könnte, als durch Schaden anzurichten. Da allerdings der emotionale Zustand einen enormen Einfluss auf die wahrnehmbaren Wahlmöglichkeiten hat, ist auch verständlich, dass Menschen in schlechten Zuständen, eher weniger elegante Lösungsmöglichkeiten wie z.B. Reifen zu zerstechen oder Schimpfwörter zu gebrauchen, verwenden, um die eine, eigentlich tiefer liegende, positive Absicht zu verfolgen.

Positionen erkunden:

Begib dich zunächst in die „Ich-Position".

Wie siehst du von dort die andere Person? Welche Körperhaltung hat sie in deiner Vorstellung, welche Gestik und Mimik? Wie ist ihr Gesichtsausdruck, wenn sie dich ansieht?

Versetze dich ganz in deine Position, wie erlebst du die Trennung aus deinem Blickwinkel? Wie sieht deine Meinung dazu aus? Im Folgenden kannst du deine Position auch lautstark und mit Gestik und Mimik unterstreichen. Dabei darfst du auch ruhig ein bisschen übertreiben. Mache dir auch bewusst, welche unangenehmen Empfindungen du spürst. Gibt es noch unterdrückten Ärger oder Wut, die du mal loswerden willst? Gibt es etwas, das dich verletzt hat, was du jetzt ausdrücken möchtest? Du könntest beginnen mit: Es hat mich verletzt, dass...

Gibt es Ängste und Selbstzweifel, die aus der Trennung resultierten? Teile sie dem imaginierten Ex-

Partner mit. Gibt es etwas, das du bedauerst, etwas, das dir an der Situation leid tut, vielleicht sogar etwas, wofür auch du dich entschuldigen möchtest? Vielleicht gibt es ja auch etwas, das du an der anderen Person wertschätzt, wofür du dankbar bist (trotz der blöden Situation)?

Nimm dir Zeit für diese Fragen.

Wenn du all die Gefühle und Meinungen ausdrückst, beobachte, wie sich der Ex-Partner in der Vorstellung verhält, was er sagt, wie sein Ausdruck ist, wie er auf deine Äußerungen reagiert usw.

Sobald du deine Meinung und Position mit den unterschiedlichen Gefühlsfacetten ausgedrückt hast und eine erste Erleichterung durch das „Abladen" eingetreten ist, kannst du dich von deiner Position (dem Zettel) entfernen. Achte darauf, dass alle Gefühle und Ansichten, die du gerade ausgedrückt hast, in deiner Vorstellung bei der „Ich-Position" bleiben. Schüttle alles ab, denke kurz an etwas ganz anderes (z.B. was es vorgestern zum Essen gab), um dich von dem kognitiv-emotionalen Zustand voll zu trennen.

Dann begib dich auf den Zettel der „Du-Position" und damit imaginativ voll und ganz in die Situation/Rolle deines Ex-Partners.

Welche Körperhaltung nimmst du ein? Wie ist deine Mimik und Gestik? Frage dich: Was ist hier (auf der „Du-Position" als Ex-Partner) meine Einstellung zu der Situation mit meinem Erfahrungshintergrund? Wie fühle ich dabei? Wie sehe ich den Anderen auf der „Ich-Position"? Wie wirkt all das hier auf mich, was eben der Andere auf der Ich-Position ausgedrückt hat? Wie fühle ich dabei? Was sind meine Beweggründe und Argumente?

Denke und fühle also als ob du der Ex-Partner wärest. Wie reagierst du argumentativ auf die Vorwürfe? Gibt es etwas, was du hier (in der Position des Ex-Partners) dem Anderen auf der „Ich-Position" einmal sagen wolltest? Auch hier gilt es zu erkunden, welche Ängste und Befürchtungen du hier als Ex-Partner hast. Frage dich in dieser Position: Was hat mich verletzt? Gibt es etwas, das ich bedauere? Wofür schätze und achte ich den Anderen? Gibt es etwas, wofür ich in dieser Position dem Anderen dankbar bin?

Nachdem auf dieser Position genügend Beweggründe und Gefühle ergründet und dem Anderen mitgeteilt wurden, kannst du die Position verlassen und dich, wie im ersten Schritt, von der Rolle lösen.

Nun kannst du wieder in die „Ich-Position" schlüpfen und wahrnehmen, was der Andere gesagt und hervorgebracht hat. Wie wirkt das auf dich? Wie reagierst du darauf? Gibt es Weiteres zu sagen? Teile alles dem Anderen mit.

Man kann dann mehrmals zwischen den Positionen hin und her wechseln, einen Dialog entspinnen und die vermuteten Beweggründe des Anderen ergründen.

Zwischenzeitlich kann man auch die dritte Position, also die Rolle einer neutralen Person einnehmen (neutral in Hinblick auf den Konflikt/die Trennung), die aber beiden wohlgesonnen gegenübertritt.

Von dort kannst du dir anschauen, was da zwischen den Beiden stattfindet. Wie beeinflusst das Verhalten des Einen das Verhalten des Anderen. Was gibt es nur aus dieser Position gut zu sehen? Wie wirken die Beiden auf dich? Welche neuen Erkenntnisse werden dir jetzt deutlich?

Diese neuen Erkenntnisse und Einblicke kann man auf die anderen Positionen mitnehmen und schauen, wie sich dadurch möglicherweise auch die eigenen Gefühle, Beweggründe und Argumente ändern.

Nachdem du alle Gefühle einmal ausgedrückt hast und du dir auch die Gefühle und Beweggründe deines Ex-Partners bewusst gemacht hast, gelingt es dir leichter zu vergeben. Zudem kannst du auch leichter erkennen, welchen eigenen Anteil du an der Trennung hast.

Jetzt kann gut eine Variation des hawaiianischen Vergebungsrituals angeschlossen werden. Begib dich zunächst auf die „Ich-Position". Äußere in Gedanken oder ausgesprochen:

„Es tut mir leid,

bitte verzeihe mir,

ich verzeihe dir,

ich verzeihe mir,

ich liebe dich,

ich liebe mich,

Danke."

Dabei sollen diese Äußerungen kein einfaches Lippenbekenntnis, sondern auch so gemeint sein. Es sollte dir in Gedanken klar sein, warum du die Worte ausdrücken kannst und welche Ereignisse und Wahrheiten dem zu Grunde liegen. Die Vorübung hilft zu erkennen, welchen Anteil der Andere und du selbst hatte, dass du und der Ex-Partner an sich positive Absichten verfolgten, auch wenn die Art des Ausdrucks den Anderen verletzt haben könnte. Du kannst auch noch etwas herumexperimentieren und zusätzlich in die Rolle des Anderen schlüpfen und von dort das Vergebungsritual durchführen.

Mit Gefühlen ausgedrückt haben diese wenigen Worte eine heilsame Wirkung auf den inneren Konflikt, der mit der Trennung einherging.

Fühlst du dich zu späteren Zeitpunkten bezüglich der Trennung noch einmal schlecht, kannst du diese Worte des kurzen Vergebungsrituals wiederholen und damit ähnlich wie in Übung 1, eine emotionale Erleichterung erreichen und den Verarbeitungsprozess beschleunigen.

Zusammenfassung

1. Zettel für die drei unterschiedlichen Positionen (Ich-Position, Ex-Partner, neutraler Beobachter) auslegen

2. Auf die „Ich-Position" begeben und aus deiner eigenen Perspektive alle Gedanken, Gefühle, Meinungen usw. rund um die Trennung ausdrücken und dem imaginativen Gesprächspartner auf der „Ex-Partner-Position" mitteilen

3. Rolle bzw. eigene Position verlassen, alle Gefühle und Ansichten auf der Position (Zettel) belassen

4. Sich auf den Zettel, der den Ex-Partner stellvertretend darstellt, begeben und sich in seine Position, Haltung, Ansichten, Meinungen usw. einfühlen und diese ausdrücken

5. Rolle bzw. Position verlassen (wie bei 3.).

6. Zwischen der „Ich-Position" und der Position des „Ex-Partners" hin und her wechseln und

dabei die Schritte 2 bis 5 wiederholen. Zwischenzeitlich kann die Position des neutralen Beobachters eingenommen werden, um weitere Erkenntnisse zu gewinnen, die aus den anderen beiden Positionen nicht deutlich werden.

7. Nach emotionaler Erleichterung und einem Gefühl, den anderen und die Situation ein Stück besser verstanden zu haben, kann die Version des hawaiianischen Vergebungsrituals

Ho´oponopono angeschlossen werden.

„Es tut mir leid,

bitte verzeihe mir,

ich verzeihe dir,

ich verzeihe mir,

ich liebe dich,

ich liebe mich,

Danke.“

Kapitel 2.4 Mit dem Trauern abschließen und die guten Erfahrungen mitnehmen

Wie lange um eine Beziehung zu trauern ist eigentlich normal?

Ich denke, da gibt es keine pauschale Antwort. Schließlich ist es von sehr vielen Faktoren abhängig, wie: Intensität der Beziehung, Dauer, emotionale Stabilität, Ablenkungen, kulturelle Gepflogenheiten, Überzeugungen darüber, wie lange man trauern sollte usw. Man kann jedoch auch beobachten, dass die Dauer des Trauerns selbst nach sehr intensiven, langen Beziehungen stark variiert. Manche Menschen sind nach wenigen Wochen wieder das blühende Leben und andere trauern Jahre einer Person nach.

Wie ist es zu erklären, dass manch einer nur eine kurze Phase des Trauerns durchlebt, während andere über einen sehr langen Zeitraum trauern und sich schlecht fühlen?

Viele Techniken und Ansätze des Neurolinguistischen Programmierens (NLP) befassen sich mit außergewöhnlichen Fähigkeiten von Menschen und wie man diese lernen und vermitteln kann. So wurden in den Anfängen des NLPs die Arbeit überragender Therapeuten untersucht, später die Arbeit von hervorragenden Verkäufern, Führungskräften, Kommunikatoren und auch Menschen, die sich schnell und gut von einer zu betrauernden Situation wie z.B. einem Beziehungsende erholten. Es stellte sich heraus, dass die Personen, die sich nach dem Verlust schnell erholten, ähnliche mentale Verarbeitungsstrategien angewandt hatten. Diese mentalen Verarbeitungsstrategien werden im Folgenden vorgestellt und können erlernt werden.

Wenn das Trauern über einen längeren Zeitraum stark belastet oder auch neuen Beziehungen im Wege steht und man endlich mit der Beziehung abschließen will, wird die in diesem Kapitel vorgestellte Übung 4 Erleichterung bringen.

Manchmal ist es so, dass man eine Art Sehnsucht nach jemandem verspürt, der nicht mehr da ist. Neben der Sehnsucht können sogar noch unangenehmere Gefühle wie Trauer usw. hinzukommen. Wie wäre es, zu lernen, seine innere Einstellung so zu verändern, dass man das, was man durch die physische Abwesenheit der anderen Person vermisst, als vorhanden erlebt, während man die unschönen Erfahrungen, die ebenfalls in Beziehungen auftreten können, hinter sich lässt? Ist es möglich, an all die schönen Erfahrungen und Situationen der alten Beziehung zu denken ohne diese bzw. die dazugehörige Person zu vermissen? Wäre es vielleicht sogar hilfreich, wenn man sich darüber bewusst wird, was einem an einer Beziehung wichtig ist und was für Erfahrungen man gerne machen möchte, um zukünftige Beziehungen mit ähnlichen Qualitäten gestalten zu können?

Um die folgende Übung zu verstehen und besser einordnen zu können, ist es hilfreich Hintergrundwissen darüber zu erhalten, wie man erkennt, in welchem Beziehungsgeflecht man steht und welche mentalen Prozesse dieses meist unbewusste Wissen hervorbringt.

Damit wir wissen, wie wir in Bezug zu anderen Menschen stehen, ordnet das Gehirn im sogenannten mentalen Raum[2] Bilder der Personen mit denen wir zu tun haben so an, dass über die Entfernung, Blickrichtung, Größe (und auch anderen Faktoren), deutlich wird, welche Art von Beziehung wir zu diesen Menschen haben. In der Regel erfolgen diese Prozesse nicht bewusst, deuten sich allerdings im gewöhnlichen Sprachgebrauch an, wenn man z.B. davon spricht, jemandem nahe zu stehen.

Denkt man z.B. an die Person, die man vermisst, dann hat man meist unbewusst ein Bild von der Person im mentalen Raum. Die Entfernung, Blickrichtung der Person, Größe und wie sie dargestellt wird, bestimmen überwiegend, wie wir uns dabei fühlen, wenn wir an die Person denken. Das kann man auch leicht für sich überprüfen. Dabei schließt man am besten die Augen, weil man dann nicht durch äußere Sinnesreize abgelenkt

---

[2] Der mentale Raum ist der Raum, den wir z.B. bei geschlossenen Augen um uns herum wahrnehmen und in dem wir in Bezug zu uns (Mitte) andere Menschen und Objekte in unserer Vorstellung anordnen.

wird. Nun denkt man an die Person und wartet z.B. auf das Gefühl von Sehnsucht, wenn man z.B. an seinen Ex-Partner denkt. Wenn das Gefühl wahrgenommen wird, muss auch ein Bild entsprechend der inneren Vorstellung existieren. Zu Menschen, die man vermisst, taucht oft ein Bild in einer bestimmten Entfernung auf.

Manchen fällt es leichter, sich die Person vorzustellen bzw. vor dem inneren Auge zu sehen, anderen schwerer. Eine weitere Möglichkeit, die innere Verortung vorzunehmen, ist zu überlegen, aus welcher Richtung die Person wohl antworten würde, wenn man sie in Gedanken ruft (was du auch überprüfen kannst). Manchmal kann man die genaue Richtung auch nicht direkt klar bestimmen. Man hat eine Ahnung davon, in welcher Richtung sich die Person im mentalen Raum befindet. Auch wenn man zunächst kein klares Bild von der Person wahrnimmt, kann man durch Ausloten ausprobieren, ob sich die Person eher in der einen oder eher in der anderen Richtung befindet. Darüber kann man den Raum immer mehr einkreisen und sicherer bestimmen, wo ihr Platz ist. Dann wird das Bild auch oft klarer.

Unsere Körperintelligenz oder unser Unbewusstes ist so intelligent, dass es diese Verortung von Personen für uns ganz automatisch vornimmt und uns erleichtert zu wissen, wie wir in Bezug zu einer anderen Person stehen, ohne dass wir uns darüber Gedanken machen müssen. Zum Vergleich kann man auch mal an eine Person denken, die einem sehr nahe steht. Oft ist es dann so, dass sich diese Person im mentalen Raum eher in deiner Nähe befindet. Dieses unbewusste Wissen klingt ja schon im Sprachgebrauch von „sich nahestehen" an.

Bei der nun folgenden vierten Übung geht es darum Gefühle, die in Richtung „Sehnsucht", „Vermissen" usw. gehen, aufzulösen, indem man das innere Bild vom Ex-Partner im mentalen Raum neu anordnet.

Durch die innere Neuordnung dieser Person im mentalen Raum, ändert sich die Vorstellung von „Beziehung" zu dieser Person, und auch die Gefühle, die wir mit ihr verbinden, ändern sich. Idealerweise ordnet man die Person im mentalen Raum so an, dass man sich an all die schönen, geteilten Momente erinnern kann, ohne diese Person zu vermissen.

Da jeder Erfahrungen mit Menschen gemacht hat, die uns eine Zeit lang begleiteten, die aber aktuell nicht mehr Teil des eigenen Lebens sind, kann man leicht hilfreiche Referenzverortungen von Personen im mentalen Raum finden. So gibt es vielleicht einen alten Schulfreund, an den man sich gerne erinnert bzw. an die gemeinsamen Streiche und Späße, die man erlebte, ohne diese Person zu vermissen. Der Ort im mentalen Raum, den wir dieser erinnerten Person zuordnen, hat starken Einfluss darauf, dass wir uns ihm gegenüber so fühlen, wie wir es tun. Ordnet man bewusst den Ex-Partner wie eine Person an, an die man sich gerne erinnert ohne sie zu vermissen, kann es gut sein, dass sich diese Art von Qualität der Beziehung auch auf den im mentalen Raum neu angeordneten Ex-Partner überträgt.

Weiß man zusätzlich, welche positiven Erfahrungen und Werte man in der alten Beziehung genoss, kann man dies nutzen, um zukünftige Beziehungen mit ähnlichen Erfahrungen und Werten zu gestalten (wie dies am Ende der Übung vorbereitet wird).

Fallbeispiel

Anhand des Beispiels einer Person, die diesen Prozess bzw. diese Übung mit Hilfe eines Coachs durchlaufen hat, wird der Ablauf deutlicher. Anschließend findet sich eine zusammenfassende Anleitung, wie man die Übung alleine durchführen kann. Auch kann man beim Lesen des Beispiels die darin beschriebenen Prozesse direkt bei sich selbst anwenden.

Diese Übung nimmt mehr Zeit in Anspruch und erfordert etwas kognitive Arbeit.

Die Zeit, die für die Übungen aufgebracht wird, ist gut investiert, denn die Zeit, die man sich dann an Grübeln und Leiden bezüglich des Themas erspart, hebt den Einsatz deutlich auf.

Sven leidet seit über einem Jahr unter der Trennung von seiner Ex-Freundin. Er denkt noch oft an sie, fühlt sich noch zu ihr hingezogen, was bei ihm Unwohlsein auslöst. Seit der Trennung hat er keine weiteren Versuche unternommen mit anderen Frauen in Kontakt zu kommen, außer beruflich natürlich. Da keine Aussicht auf ein erneutes Zusammenkommen besteht, sie einen neuen Partner hat und er immer noch unter der Trennung leidet, möchte er mit der Situation endlich abschließen und auch wieder Gefallen daran finden, sich mit Frauen zu treffen.

Als der Coach ihn fragt, wie er sie sieht, wenn er an sie denkt, gibt er zur Antwort, dass er sie in einiger Entfernung (ca. 6-7m) vorne rechts sieht. Da es für den Prozess wichtig ist, fragt der Coach weiter: Siehst du sie in einem Bild oder eher real und plastisch? Ist es schwarz-weiß oder farblich? Ist das Bild umrandet oder offen, in welcher Höhe platziert? Was ist der Inhalt des Bildes/Films, eine bestimmte Szene?

Nach mehreren Fragen zu den Eigenschaften des imaginierten Bildes/Films, stellt sich heraus, dass es neben der Entfernung auf ca. 1 Uhr (wobei die eigene Nase auf 12 Uhr gerichtet ist) platziert ist. Es stellt seine Ex-Freundin in einem gerahmten Bild dar, welches etwas dunkler ist oder dessen Farben etwas verblasst sind. Auf dem Bild sieht er sie seitlich aus einem ähnlichen Blickwinkel, wie er sie damals gerne beobachtet hat, wenn sie ganz in ihre Arbeit versunken war.

Durch diese Angaben wird also klar, wie sich Sven ein Bild von seiner Ex-Freundin macht. Dieses Bild bewirkt, dass er sich einerseits zu ihr hingezogen fühlt, sie aber andererseits für ihn unerreichbar erscheint, was ein Gefühl von Sehnsucht und Unwohlsein bei ihm auslöst.

Da im zuvor mit dem Coach geführten Gespräch klar wurde, dass Sven sich eher neutral fühlen möchte, wenn er an seine Ex-Freundin denkt und dass er sich auch an die guten Erlebnisse erinnern möchte, ohne gleichzeitig diese Sehnsucht und das Unwohlsein zu fühlen, bittet der Coach ihn, folgendermaßen weiterzumachen:

Sven soll sich an eine Person erinnern, die einmal Teil seines Lebens war, bei der es zu keinerlei negativen

Gefühlen kommt, wenn er an sie denkt. Das können frühere Spiel- oder Klassenkameraden sein, alte Freunde, Arbeitskollegen usw.

Sven denkt an einen alten Klassenkameraden, mit dem er zusammen viele Späße gemacht hat. Als Sven von den gemeinsamen Späßen erzählt, muss er grinsen. Er weiß zwar nicht, was sein alter Freund jetzt wohl macht, aber die gemeinsame Zeit war lustig, wie er sagt. Auf die Frage, ob er ihn bzw. die Späße vermisst, versichert er, dass dem nicht so ist.

Der Coach fragt Sven, ob es für ihn okay ist, wenn er sich auf eine ähnliche Art und Weise an seine Ex-Freundin erinnern würde, dass er also an die schönen Momente, die er während der Beziehung hatte, denken kann, ohne seine Ex-Freundin zu vermissen. Sven hält das für eine gute Idee, zweifelt jedoch, ob das so einfach geht.

Auch soll Sven für sich überprüfen, ob es für ihn irgendwie von Nachteil sein könnte, wenn er auf diese neue Art und Weise an seine Ex-Freundin denkt. Dies verneint er dann.

Da unsere Gefühle in Bezug zu anderen Personen zu einem großen Teil von unseren inneren Bildern und dabei insbesondere durch Qualitäten wie Entfernung, Blickrichtung, Größe, Farbe, Helligkeit usw. beeinflusst werden, kann durch eine bewusste Veränderung dieser Parameter eine Veränderung der Gefühle herbeigeführt werden.

Für den Coach und Sven dient nun der alte Schulfreund als Referenz dafür, wo und wie vor dem geistigen Auge, im mentalen Raum, die Ex-Freundin abgebildet werden kann, so dass Sven sich auf eine ähnliche Art und Weise an sie erinnert, wie an einen alten Freund und dass er sich gut fühlen kann, wenn er an die geteilten positive Erlebnisse denkt.

Der Coach fragt nun genauer nach: Wo im mentalen Raum vernimmst du den alten Klassenkameraden, wenn du an ihn denkst?

Sven deutet mit seinem linken Arm seitlich von ihm.

Coach: In welcher Entfernung?

Sven überlegt: So ca. 2,5 m, und er schaut in meine Richtung.

Er ist ein gutes Stück näher als seine Ex-Freundin.

Coach: Wie ist es für dich, wenn du ihn dort siehst (zeigt in die von Sven angedeutete Richtung)? Fühlst du dich gut dabei?

Sven (grinst leicht, als wäre er zu einem weiteren Schabernack bereit): Es fühlt sich gut an. Es ist fast so, als ob er da wäre, obwohl ich weiß, dass er es nicht ist.

Coach: Es ist also für dich, als wäre er da, obwohl du weißt, dass er nicht mehr Teil deines Lebens ist?
Sven: Genau.

Im weiteren Verlauf des Gesprächs arbeiten sie gemeinsam die weiteren Qualitäten seiner inneren Vorstellung von seinem Klassenkameraden aus, wie sie es zuvor bezüglich des Bildes von Svens Ex-Freundin gemacht haben. Es stellt sich heraus, dass Sven seinen alten Freund in etwa lebensgroß, „lebendig" (also mit Bewegungen), deutlich in Farbe, mit seinem Blick zu ihm gerichtet, in ca. 2,5 m Entfernung (auf halb 10 Uhr) sieht. Es wird deutlich, dass sich die Abbildung seines Klassenkameraden in wesentlichen Punkten von dem Bild seiner Ex-Freundin unterscheidet. Die größten Unterschiede in der Ausgestaltung finden sich bei der räumlichen Verortung, der Größe des Bildes, bei der Farbintensität und der „Lebendigkeit" (also dass er sich bewegt). Außerdem sieht er seinen Klassenkameraden plastisch, also dreidimensional, während er seine Ex-Freundin wie ein Foto zweidimensional wahrnimmt. Diese Unterschiede in der inneren Repräsentation von Personen haben den größten Einfluss darauf, wie Sven sich ihnen gegenüber fühlt und welche Art von zwischenmenschlichen Beziehungen er zu diesen Menschen definiert.

Schematische Abbildung 4.1 zeigt wie Sven in Bezug zu sich, seinen alten Klassenkameraden wahrnimmt.

Nun haben die beiden eine gute Referenz dafür, wie Sven sich auch in Bezug zu seiner Ex-Freundin fühlen könnte und eine Idee für die dazugehörige mentale Kodierung.

Zu beachten ist allerdings, dass sich das neue Bild zu der neuen Verortung im mentalen Raum nicht frontal vor einem und auch nicht in dem sogenannten „Intimkreis" befindet. Der Intimkreis ist in etwa der Raum, den man mit seinen Armen um sich herum erreichen kann (s. Abbildung 4.2):

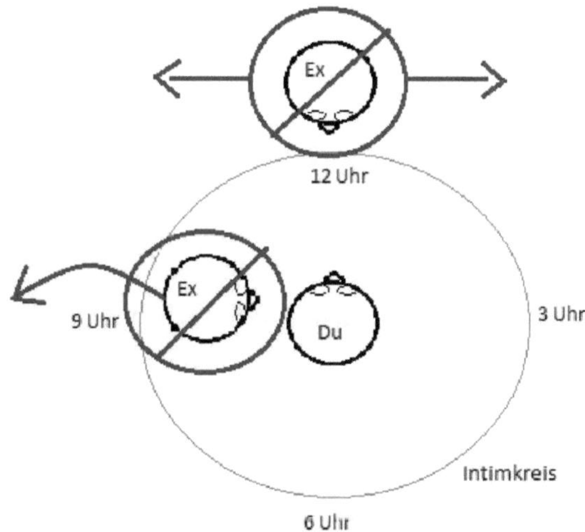

Abb. 4.2

Im Intimkreis befinden sich meist nur Familienmitglieder, Partner oder sehr gute Freunde. Nach Erfahrungen des Experten Lucas Derks zu diesem Thema, sollten sich Ex-Partner nicht an diesen genannten Positionen im mentalen Raum befinden, weil sie neuen Partnern und Beziehungen „im Wege stehen" können.

Im Folgenden bittet der Coach Sven, sich an eine richtig gute Zeit, die er mit seiner Ex-Freundin hatte, zu erinnern und sich davon ein Bild zu machen. Dieses Bild sollte aber im mentalen Raum an einer anderen Stelle konstruiert werden, als das erste von ihr. Sven erinnert sich an die Urlaubsreise nach Machu Picchu und hatte ein Bild davon, wie er ihr beim Klettern half.

Coach: Jetzt bitte ich dich, Sven, um etwas Außergewöhnliches. Konstruiere dieses Bild von deiner Ex-Freundin in lebensgroß, deutlichen Farben, „lebendig" (also mit Bewegungen) in ca. 2,5m Entfernung zu deiner linken, allerdings leicht versetzt zu dem Ort, an dem sich dein alter Schulfreund befindet. Du bist jetzt der Regisseur und kannst sie bewusst so anordnen und mit den Qualitäten ausstatten, wie du es möchtest.

Sven: Das ist ja komisch… es ist ganz anders, wenn sie dort (deutet nach links) ist.
Coach: Besser?
Sven: Ja, viel besser… Ganz anders!

Der Coach lässt ihn noch ein bisschen verwundert mit einem leichten Lächeln stehen. Schließlich unterbricht er ihn mit einem kurzen Small-Talk. Dann überprüft er, ob diese Veränderung konstant bleibt und bittet Sven nochmals an seine Ex-Freundin zu denken und zu überprüfen, wie er sich nun fühlt, wenn er an sie denkt. Sven kann sich wohl fühlen, wenn er über seine Ex-Freundin und einzelne Erlebnisse spricht. Scheinbar hat sein Gehirn die neue Kodierung mit der er seine Ex-Freundin innerlich repräsentiert, übernommen. Manchmal ist es allerdings notwendig etwas zu üben, eine Person an einer neuen Stelle im mentalen Raum zu sehen. So kann es durchaus vorkommen, dass man ein Bild einer bestimmten Person (z.B. Ex-Partner) mehrmals gedanklich zu einer anderen Stelle hinbewegt und die Entfernung, Blickrichtung usw. etwas variiert, bis die neue Position stimmig ist.

Die Hauptarbeit war damit abgeschlossen. Da Sven andeutete, dass er auch wieder gerne neue Frauen kennenlernen wolle und sie gerade dabei sind, machen sie weiter. Die folgende Arbeit nutzt Svens Werte, also das, was er an einer Frau bzw. an der Beziehung mit ihr schätzt, um eine gewisse Sogwirkung bzw. Motivation zu erzeugen, mit Frauen solcher Eigenschaften in Kontakt zu treten. Das weitere Ausarbeiten dessen, was Sven in diesem Zusammenhang wichtig ist, erleichtert ihm auch zukünftige Beziehungen mit diesen Qualitäten zu führen. Es kann ihm helfen, von Anfang an eher die „passenderen“ Frauen als besonders interessant wahrzunehmen und so letztendlich erfüllendere Beziehungen zu erleben.

Der Coach bittet Sven, an alle Werte zu denken, die er mit seiner Ex-Freundin erlebt hatte, die er in folgenden Beziehungen weiterführen wolle. Jedem sind andere Werte in einer Beziehung wichtig und manche verstehen unter einer Bezeichnung auch sehr unterschiedliche Dinge. Sven nennt Intimität, das gemeinsame Reisen, eine spezielle Art von Humor, Offenheit usw.

Nachdem Sven eine Sammlung von Werten erstellt hat, wird er aufgefordert, sich von diesen Werten ein abstraktes Bild zu machen, welches die Essenz dieser Werte enthält. Das Bild kann sehr abstrakt und symbolisch sein. Sven kommt ein Bild in den Sinn, welches einen Mann und eine Frau darstellt, die gerade gemeinsam ein Feuer entzünden, und beide tragen dazu bei, dass es entflammt.

Der Coach bittet Sven zu überlegen, wie er in einer zukünftigen Beziehung die zusammengetragenen Werte verwirklichen kann. Welche Ausprägungen können diese Werte mit einer anderen Frau annehmen? Darüber nachzudenken bereitet ihm sichtlich Vergnügen. Nach einiger Zeit gibt er Bescheid, dass er gute Ideen und ein neues Bild, eine Vorstellung davon hat, wie er mit einer neuen Partnerin diese Werte leben kann. Er hat sich also ein Bild davon gemacht, welches darstellt, wie die gewünschten Werte mit einer anderen Person in der Zukunft gelebt werden können. Es kann inhaltlich noch etwas unscharf sein, da Sven ja noch nicht weiß, auf wen er in der Zukunft trifft, mit dem er diese Werte leben kann. Dieses Bild (evtl. Bilder) soll allerdings die gleichen Qualitäten aufweisen, wie das symbolische

Bild, welches die beiden Personen, die ein Feuer entzünden, darstellt. Das heißt, wenn das symbolische Bild hell, nach außen offen, mit Bewegungen (wie eine Filmsequenz) ist, soll das neue Bild ähnlich konstruiert werden.

Auch dieses Bild soll nicht an einer bereits belegten Stelle (von Bildern seiner Ex-Freundin) im mentalen Raum imaginiert werden.

Sven hat eine Vorstellung davon bekommen, wie er das, was ihm in einer Beziehung wichtig ist, mit einer anderen Person leben kann. Das Bild kann in seiner Vorstellung noch etwas abstrakt, aber auf eine ähnliche Weise gestaltet sein, wie das Bild, welches symbolisch seine Werte darstellt.

Der Coach fragt ihn: Kannst du dir vorstellen, dass du all das, was du für deine zukünftigen Begegnungen und Beziehungen zusammengetragen hast, als ein Bild siehst, was jetzt noch mehr oder weniger abstrakt ist? Stell dir weiter vor, dass du es vervielfältigst, als würdest du Kopien davon machen, bis du einen Stapel oder eine Art Kartenset von Bildern hast. Stell dir vor, du streust diese Bilder auf deinem zukünftigen Lebensweg aus. Überall in deiner nahen und fernen Zukunft sollten dann diese Bilder auftauchen.

Abb. 4.3 zeigt schematisch Svens vorgestellten zukünftigen Lebensweg.

Sven: Ok, hab´ ich... Wenn ich so an die Zukunft denke, macht es mir irgendwie Hoffnung, dass ich wirklich solche Momente mit jemandem erleben kann.
Coach: Sehr gut. Wie ist das jetzt für dich, wenn du an deine Ex-Freundin denkst?

Sven: Mmh, es ist erstaunlich. Ich hatte zwar gerade kurz und schwach dieses ungute Gefühl von Sehnsucht im Magen, aber je länger ich darüber nachdenke, bin ich eher dankbar für die geteilten positiven Momente. Jetzt bin ich neugierig darauf, was mir die Zukunft bringt.

Zusammenfassung der Übung 4

1. Denke an die Person, über dessen Verlust du trauerst. Welche Gefühle stellen sich ein? Wo befindet sich das dazugehörige Bild im mentalen Raum (Entfernung, Richtung, Höhe)? Was zeigt es? Wie ist es gestaltet? (Ist es ein Bild, also zweidimensional, oder 3D und plastisch, lebendig? Farbig oder Schwarz-Weiß? Eher hell oder dunkler? Nach außen gerahmt oder offen? Sonstige gestalterische Besonderheiten?)

2. Finde ein Referenzbild von einer Person, die dich eine Zeit lang begleitet hat, an die du mit neutralen bis positiven Gefühlen denken kannst,

ohne sie zu vermissen, z.B. von einen alten Schulfreund. Stelle auch hier die Verortung im mentalen Raum und die Gestaltung des Bildes klar (Ist es ein Bild, also zweidimensional, oder 3D und plastisch, lebendig? Farbig oder Schwarz-Weiß? Eher hell oder dunkler? Nach außen gerahmt oder offen? Sonstige gestalterische Besonderheiten?).

3. Überprüfe, ob es für dich okay ist, fortan in derselben Weise an den Ex-Partner (Person aus 1.) zu denken, wie an die Person des Referenzbildes aus 2. Werde dir darüber klar, welche Konsequenzen das möglicherweise hat, denn eine neue Sicht der Situation kann Auswirkungen auf unterschiedliche Bereiche deines Lebens haben. Wenn es nicht okay sein sollte, finde eine passendere Referenzperson und fahre mit Schritt 2. fort.

4. Finde ein positives Bild des Ex-Partners: Denke an eine Situation mit der Person aus 1., als die Dinge richtig gut liefen und mach dir ein Bild von der Person, welches am besten den

positiven Moment ausdrückt.

5. Sieh das Bild aus 4. wie das 2., beziehungsweise denke auf neue Art und Weise an den Ex-Partner, d.h. siehe das Bild aus 4. im mentalen Raum nahe der Person des Referenzbildes aus 2. Passe die sonstigen Ausgestaltungen des Bildes, wie ähnliche Entfernung, Blickrichtung usw. an. Dann überprüfe, ob es sich jetzt anders anfühlt, wenn du auf diese neue Art und Weise an den Ex-Partner denkst.

6. Welche Werte waren dir in der Beziehung zu deinem Ex-Partner wichtig? Welche lohnen sich in zukünftigen Beziehungen mit (einem) anderen Menschen fortzuführen? Oft benannte Werte sind z.B. Humor, Vertrauen, Intimität, Freiheit, Offenheit, Spontaneität, Intelligenz, Abwechslung oder gemeinsame Unternehmungen, Hobbys usw.

7. Finde ein Symbol oder abstraktes Bild, das die wichtigen Werte andeutet. Welches Bild kann das Wesentliche dieser Werte abbilden und

symbolisieren? Hier lohnt es sich auch auf die Ausgestaltung des Bildes zu achten (ist es ein Bild, also zweidimensional, oder 3D und plastisch, lebendig? Farbig oder Schwarz-Weiß? Eher hell oder dunkler? Nach außen gerahmt oder offen? Sonstige gestalterische Besonderheiten?).

8. Mache in deiner Vorstellung ein oder mehrere Bilder davon, wie die Werte aus 6. in der Zukunft mit jemand anderem gelebt werden können. Inhaltlich können sie abstrakt oder sogar wie das Bild aus 7. sein. Das gefundene Bild sollte idealerweise ähnlich dargestellt werden, wie das symbolische aus 7.

9. Bild oder Bilder aus 8. vervielfältigen: Stell dir vor du multiplizierst dieses Bild, bis du in deiner Vorstellung eine Serie des Bildes (oder der Bilder) hast.

10. Eine gute Zukunft vorbereiten: Stell dir vor, du verteilst diese Bilder in deiner nahen und fernen Zukunft, so dass es dir vorkommt, als würden auf deinem zukünftigen Lebensweg die

positiven Erfahrungen mit (einem) anderen Menschen warten, so als bräuchtest du nur voranzuschreiten und nach und nach diese Gelegenheiten wahrnehmen.

11. Überprüfe deine Arbeit: Wie ist es jetzt für dich, wenn du an deinen Ex-Partner denkst? Was hat sich alles, insbesondere gefühlsmäßig, verändert? Jetzt sollte sich ein deutlicher Unterschied eingestellt haben.

Kapitel 3 – Anhang

Kapitel 3.1 – Danksagung

Zunächst danke ich meinen Eltern, die mich immer bei meinen Interessen unterstützt haben, so dass ich dem nachgehen konnte, was mir Freude bereitete. Dadurch gewährten sie mir letztendlich die Freiheit, ein für mich sinnerfülltes, freudiges Leben zu führen. Außerdem danke ich all meinen Freunden und Menschen, die mich auf das Thema Liebeskummer aufmerksam gemacht haben. Birgit, einer Coach-Kollegin, danke ich für die inspirierenden Gespräche.

Ganz besonderer Dank gilt all meinen Lehrern, von denen ich so viel über Persönlichkeitsentwicklung lernen konnte, was mein Leben enorm bereicherte und bereichert. Dazu zählen Milton Erickson, Richard Bandler, John Grinder, Lucas Derks, Robert Dilts, Gunther Schmidt, Stephen Gilligan, Steve Andreas, Richard Bolstad, Matthias Varga von Kibéd, Napoleon Hill, Dr.

Joe Dispenza, Ulrich Warnke, Orlando, Joseph Murphy, Paul McKenna, Roman Braun, Eckhart Tolle, Peter Levine, Jon Kabat-Zinn, Richard Moss, Ekkehart Padberg, Rosemarie Lindner, Karl Nielsen, Anita Kahler-Ehrlich und viele mehr.

Nicht zuletzt danke ich Brania, die mich als erste auf die Idee brachte, auch als Autor tätig zu werden.

Kapitel 3.2 - Literatur

- Zu: Auflösen kognitiv-emotionaler Beschwerden

Tolle, E. ; Jetzt! Die Kraft der Gegenwart, 3. Auflage 2011.

Moss, R. ; Die Kraft der Präsenz, 2013.

Dispenza, Dr. Joe ; Ein neues Ich, 3.Auflage 2013.

Kabat-Zinn, J. ; Gesund durch Meditation, vollständig überarbeitete Neuausgabe 2013.

- Zu: Die verzerrte Sicht auf den Anderen – Idealisierung des Ex-Partners auflösen

Cialdini, R.B. ; Die Psychologie des Überzeugens, 5. Auflage 2007.

Cialdini, R.B., Goldstein, N.J., Martin, S.J. ; YES!, 2009.

- Zu: Inneren Frieden finden - Durch Vergebung an Freiheit gewinnen

Nielsen, N. u. K. ; NLP mit Weisheit NLP Lehrbuch Band 3, 1. Auflage 2009.

Duprée, U.E. ; Ho´oponopono – Das hawaiianische Vergebungsritual, 17. Auflage 2014.

Duprée, U.E. ; Heile dich selbst und heile die Welt, 2010.

Canfield, J. , Switzer, J. ; Kompass für die Seele, 5. Auflage.

Murphy, J. ; Das Erfolgsbuch, 4. Auflage 2010.

Padberg, E. ; NLP-Practitioner Unterlagen zur Ausbildung (nicht veröffentlicht), 2010.

Lindner, R. ; Unterlagen zur Coach-Ausbildung (DVNLP) (nicht veröffentlicht), 2011.

- Zu: Mit dem Trauern abschließen und die guten Erfahrungen mitnehmen

Andreas, C. u. S. ; Mit Herz und Verstand – NLP für alle Fälle, 4. Auflage 2004.

Derks, L. ; Das Spiel sozialer Beziehungen, 2000.

Derks, L. ; Das Modell des „Sozialen Panoramas" (Seminarunterlagen), 2015.

Mohl, A. ; Der Große Zauberlehrling (Band 2), 2006

Kahler-Ehrlich, A. ; NLP-Master Unterlagen zur Ausbildung (nicht veröffentlicht), 2014.

Über den Autor

Matthias Plaum hat in Bonn Pharmazie und Arznei-
mittelforschung studiert. Seit 2009 beschäftigt er sich
zunehmend mit Persönlichkeitsentwicklung, Coaching-
und Therapiemethoden wie dem Neurolinguistischen
Programmieren (NLP), der Hypnotherapie und der sys-
temischen Therapie. Das Wissen aus den unterschiedlichen Bereichen nutzt er im Coaching, wobei der Ge-
sundheitsprävention bzw. dem Etablieren eines gesund-

heitsförderlichen Lebensstils in seiner Arbeit besondere Bedeutung zukommt.

Zu seinen Ausbildungen zählen:

- NLP Practitioner (DVNLP)
- NLP Master (DVNLP)
- NLP Master-Coach (DVNLP)
- Hypno-Coach (NGH)
- desweiteren Weiterbildungen in „Gewaltfreier Kommunikation" nach Marshall Rosenberg, „The Work" nach Byron Katie, „Soziales Panorama" nach Lucas Derks und hypnotherapeutischen Verfahren im Gesundheitsbereich.

Kontakt:

Web: www.plaum-coaching.de

eMail: matthiasplaum@gmail.com